JN410155

이만큼 왔으니 쉬었다 가자

형상시인선 16

이만큼 왔으니 쉬었다 가자

정순오 시집

북랜드

自序

잘 마른 빨래
햇살 냄새였다, 엄마는

감자밭 그냥 지나온 나와
감자 서리하고 온 나를
한 손으로 솥뚜껑 밀면서도
알아채던 엄마는

햇살 속으로 떠나셨다

그 자리
마른 연기 냄새만
詩로 남았다

차례

1부 나르시스의 옷장

2부 백미러 들여다보기

3부 아수라꽃밭

4부 울어주지 않는 닭

1부

나르시스의 옷장

내비게이션

시골로 도망 온 나를
시골 나비는 몰라본다

내비가 없어
주위를 얼마나 맴돌았는지

그런 나를
나비는 아랑곳하지 않는다

그가 호랑나비여서
더 그런지도 모른다

다가와 와락 안아주길 기다리는
유채꽃인 내게
그냥 맴돌기만 한다

말없이 삼킨 커피로
허공이 마렵다

나의 놀이

아빠 사업 빚지고
독촉에 떠밀려 들어온
시골 할아버지 댁
넓은 들판에 달랑한 농막

나 거기서 살았다

신발 한 짝 힘껏 던지는 재미
아슬아슬 깨금발 뛰는 재미

초록 무성 풀숲에서
풀벌레 내뱉는 말에
하나둘 귀를 여는 재미

그런 재미에 신났다

얼굴 없는 다리

웅크린 다리 밑에서
얼굴 없는 엄마를 만났다
꿈속에서였다

지나간 장날에도 나를 찾더라는
품바인 나의 엄마

다리 위를 시나살 때면
발길보다 먼저 눈길이 끌리는 곳은
어두컴컴한 다리 밑이었다

그 엄마를 만나면
도망을 가야 할까 따라가야 할까

다리는 마법에서 깨어나지 못한 채
어둠 내린 창틀에 슬픔저울 올려두고
잠 속에 든 나는 마법열쇠 찾아다녔다

어느 날 문득
나를 주웠다는 그 다리는
이음새가 벌겋게 녹이 슬었다
하염없이 허약해진 다리였다

가문 하지夏至

흐리다고, 구름이 꼈다고
다 비가 오는 것은 아니다

온몸 적시고 싶은 사람들이
밖에 나가 비가 되고 싶을 때
비는 내릴 것이다

술잔 채워놓고 기우제 지낸다고
다 비가 오는 것은 아니다
비 내려주는 것은 하늘의 몫

풀, 나무, 짐승, 사람
벌거벗은 지상의 춤들이 애틋할 때
발바닥 간지러운 하늘이

드디어
터뜨리는 오줌보

구름을 미행하다

쓸쓸해졌다
잎을 놓친 수박넝쿨 받아주다
원두막 허드레 작대기는

밤송이 터지는 소리
석류 입 벌리고 웃는 소리
허수아비 옷 꿰매는 소리
콩꼬투리 논두렁 옆구리 치는 소리
알몸 더는 부끄러울 수 없는 대추
졸며 연지 찍는 홍옥
노랗게 물든 탱자의 맨발

성큼성큼 달아나는 것을
엉금엉금 뒤쫓는 허드레 작대기는
파란 구름 떠받치려다
수상해진 등뼈를 데리고
척추 재활병원 문턱을 넘고 있다

희생 · 1

초원 달리는 말발굽이나
자갈밭 걸어가는 소 발소리나
죽은 벌레 끌고 가는 개미 아킬레스나
땅을 치는 빗소리를 닮았다

마른 땅이 젖기 시작하면서
나무뿌리들이 뻗는 발
다 젖은 발 툴툴 털고
나무는 다시 일터로 떠난 뒤
내게 남은 것은 비가 쓸고 간 뒤의
비설거지

오래 가문 땅에 남아
당신이 지나간 흔적을

하나씩 지우다가
내 귀는 이제
목마를 대로 목말라졌다

희생 · 2

거름 뜨는 삽이
무겁다
천근 죽음을 들어 올리는지
이리도 무거울 수가

한 삽, 두 삽 퍼 올리다 보면
등줄기로 흐르는 땀

아 아 그렇게
아버지 등골 파먹으면서
나는 쑥쑥 자라
천근의 등짐 진
자두나무가 되었다

가지

반질반질한 보랏빛 등이
뜨거운 밥 위에 드러눕는다

탐내는 이 아무도 없을
물컹한 식감을 쪽쪽 찢는
젓가락은 무겁다

아픈 내 친구가 좋아할
뭐 색다른 맛이 없을까?
고민 끝에 선택한 가지
흐물흐물한 몸 안에 들어가서
상상은 단단해진다

가지는 가지니까
씹던 가지 맛을 아픈 친구는 떠올려
없던 입맛 되돌릴까

갈증

낮부터 내린다던 비가
아침 일찍 찾아왔다

살가죽 말리려 내어놓은
목공소 목재들
다시 들여놓을 틈 없어
나이테가 젖는다

아버지는 담배를 피워 문다

문살 깎을 대패는
한쪽 편에서 녹슬어 가는데
젖은 저 목재들은
언제쯤 다시 마를까

담배 비벼 끈 아버지가
탁주 사러 간다

감나무 사랑

진흙을 몸 위에 바르고
나무는 어두워졌다

오랜 세월 서 있더니
쩍쩍 갈라진 몸으로 오늘은
홍시 몇 개 매달았다

가지 끝 꽃피우고
떫은 나를 살뜰히 키워내더니
반쪽 얼굴이 되어버린 감나무

가끔 치아 부실한 새들이 날아와
혀를 들이밀다 가는
겨울 입구였다

멀리 떠난 자식들
한 끼 밥은 해결했을까?
안부가 궁금해서 감나무는
몸 그림자
이리저리 흔들어본다

감자 캐기

내일 비가 온다 해서
급하게 감자 캐러 달려갔다

땅속에서 솟아오른 감자포기는
작전 중인 항공모함
줄줄이 호위선을 거느렸다

감자밭은 비 내리는 바다

여기저기
일찌감치 떨어진
감자꽃 앓는다

동감

폭포에서 떨어지는 물이 아프다
바위의 통점을 건드리고 보니
안으로 아프다

바닥의 돌멩이들을 뒤집었더니
또 아프다

건드리지 않으면 아무 소리도 안 낼 것들이
건드리면 소리를 낸다

도시 정비구역 안에서
강제이주를 당한 노점행상도 그렇다
나도 그렇다

자주 건드려주는 것이 관심일 텐데
심심산골 푸른 이끼나 덮어주고
가끔 물주고 휑하니 돌아서는
그대 바람의 행보여

산옥잠화 발 시려 흐느낀다

궁상 · 1

해 볼까
비 온 다음 날

거미줄에 대롱대롱 물방울

이 빗물 쓸어 모아
이불 빨래나
해 볼까

궁상 · 2

가로수 그늘에서
개미가 쉬고 있다

연잎의 그늘에서
연꽃이 쉬고 있다

사람의 그늘 아래
쓴맛의 이별이 등을 보이고 있다

쓸쓸하다

궁상 · 3

야생으로 돌려보내지 못한 풀들이
베란다에서 꽃피는 동안

입 꾹 다문 아낙이
산발한 머리를 감더니
베란다에 나와 헤드 뱅 한다

아무리 흔들어 털어도
소리 나지 않는 머릿속 번뇌들

어디로 가야 할지 모를
외출을 꿈꾸는 아낙
머리가 말라갈 동안
나 누구에겐가

쏟아내야 할 말들을
흔들어 가늠하고 있다

귀가

며칠간 일하러 외지로 떠났다가
다시 집으로 돌아오기 위해
챙기던 보따리

빳빳한 옷들 후줄근해졌다

봄에 나온 단풍이
나무에서 가을을 맞듯
잠시 머물다 가는 이곳에
이제 겨울,
그 쓸쓸함을 남겨둔다

먼저 라일락 꽃가지 들추고 가서
입맛 없는 나를 기다리는 엄마

무청 시래기 단을
버석거리며 푸는 소리
싸락눈 속에 섞여 있다

꽝철

선보름은 바다에 살다가
후보름에는 높은 산에서 산다는
꽝철

새벽 수산시장에 갔더니,
길고 커다란 물통에
엄청나게 큰 갈치가 담겼다
이 고기 이름이 `꽝철`이란다

날개도 없는데 어떻게 하늘을 날까?
이런저런 생각도 비늘에서 번쩍번쩍

너는 망망대해였다

석양 무렵 바다 위를 날던 꽝철이가
높은 산에서 내려올 때는
벌겋게 불빛을 뿜어낸다고 한다
그러니 내 욕망을 닮았다 할 수밖에

>

산에서 만난 광철을
인적 드문 시골집에 붙잡아 두고
피골상접 될 때까지
살점 발라볼까

급소

토끼 잡을 땐
귀를 잡아야 하고
닭 잡을 땐
날개를 잡아야 하고
고양이 잡을 땐
목덜미를 잡으면 되지만

사람은
어디를 잡아야 하나

멱살 잡히면 싸움이 나고
손은 잡히면 뿌리치고

너, 나에게
잡혀도 좋은 곳
말해 봐

나르시스의 옷장

좀 폼 나는 옷은
옷장에다 보관해두고
장롱 문짝에 색 한지
요란스럽게 발라댄다

한꺼번에 읽기에 아까운
한 권의 시집 갈피
쪽과 쪽 사이 한 장씩 챙겨 넣은
압화押花처럼

치성

지는 해를 손바닥 위에 올려도
뜨겁지 않다는 건
해 질 무렵인 당신의 편견

한밤중이면 몰라도
대낮에는 절대 따라 해선 안 되는 일이
해를 만지는 일

그러나 그것도 편견

머지않아 다가올 어둠의 손바닥이
검은 것도
해를 잘못 만져서 생긴
때 낀 죄의 흔적

반성의 시간이란 결국
손바닥 비벼 무언가를 닦는 일

놋그릇 닦듯

무쇠난로

시꺼먼 몸뚱이 붉게 달궈지도록
나무를 먹인다

뚜껑 위에 얹힌 먼지도
제발 타오르라고
흘러내리던 콧물도 재로 날리라고
무쇠인 너의 속을 부삽으로
이리저리 쑤석인다

뜨거워진 검은 몸뚱이
몸꽃으로 피어
재를 날릴 때쯤
어떤 욕망도 남아 있지 않아야
우리의 결별은
가벼워질 수 있을 테니

다 초점

우리라는 테두리 안에서는
한몸 안에 가둔 각자 다른 세상이
티격태격한다

위, 아래 어디를
바라볼지
눈높이도 걱정이다
좌우 어디에 둘지
눈 둘 곳도 걱정이다

내 눈은 홑눈
너의 눈은 겹눈
감아도 떠도 우리라는 울타리 때문에
서로를 볼 수 없으니

멀고 가까움도 지워졌다

2부

백미러 들여다보기

격자창

네모난 우물 만들어
수직으로 세워 놓으니
육십 개 우물이 된다

격자창에서 동시에 물을 퍼 올리면
어떤 가뭄도 걱정 없겠다
누군가 저 격자창 앞에
놓아둔 탁자와 의자

차 마시며 바라보다가
그래도 안쪽이 궁금하면
손가락에 침 바르고
뚫기도 하겠지

공처럼 튀다

감 못 잡고 튀는 고슴도치
탱탱볼 같은 촉이 있다

낯설음에 촉이 서고 보니
부드러운 털이 슬슬 그리워지기 시작했다

잎과 꽃이 아니더라도
겨울 한자리에 선 느티나무가 되어
쭉 뻗은 그 몸매에 봄볕 외투 걸치고 싶다

엇갈린 눈빛에 늘 서운했고
그대가 흘린 엉뚱한 말들에 촉이 설 만큼 섰으니
이젠 따뜻하게 쓰다듬어 줄
손길을 기다려 보아야지

누울 자리 모르는 촉이었다가
슬슬 사춘기로 되돌아가고 싶은 촉이 있었으나
찾아온 갱년기 따윈
꽁꽁 겨울 땅 위에
내동댕이치고 볼 일이지

덧칠

낡아서 푸석해진
나무의자와 그네를 보다가
백 년을 버티려면 백 번을 칠해야 할 거 같아
우선 열 번을 칠했다

한 십 년은 쓰겠다 싶어졌다

시시때때로 찾아왔다 떠나는 사랑도
이십 년쯤 더
한 다발로 묶어둘 순 없을까

곪아 터지지 않도록

도요

맛있는 불빛이
그릇마다
한가득

뜨거운 날에도
더 뜨거우라고
도공은 장작을
밀어 넣는다

오래 밤이슬 삼킨 흙에
온몸으로 지피는 군불

따뜻하다

동전 연못

세상을 떠돌던 동전들
통도사 연못에 잔뜩 모였습니다

주머니에 있을 때는 보잘것없다 생각했는데
물속에 모이니
연못은 찰랑이는 비늘 빛
커다란 물고기인 듯 꿈틀댑니다

행운을 기다리는 설렘, 던지는 재미
순수의 허공을 가른
둥글어서 빛나는 겹겹의 보시들

작은 것들 하나, 둘 모여
물을 그만치 밀어 올렸으니
낮은 세상은
하늘에 가까워졌습니다

마음 창窓

같은 평수의 방이라도
전망에 따라 가격 차가 상당하다는
호텔이 있다

같은 설계, 같은 재질의 방인데도
창이 어느 쪽을 바라보느냐에 따라
달라진다는 가격

내 생의 안경알에도
눈 감으면 보이는
불변의 풍경 하나
드리워 두어야겠다

망각 · 1

자두밭은 눈부시다

익은 자두를 버리느라
고된 나무 서 있다

아주 먼 곳에 있던
자식들도 하나씩 불러들여
한 자루씩 여름을 담는다

뿔뿔이 흩어지는
자루를 삼킨 자두들

망각 · 2

침봉을 누르는
수반의 연꽃들

커다란 꽃병
함안 테마파크는
꽂힌 연꽃들 만발이다

꽂힌 줄기는 단단해져서
한 장 한 장 속옷 펼치고 나서야
긴 목의 끝은 까맣게 익어간다

벗어놓은 옷들
살랑 불어오는 바람이 거두어 가면
떠들썩 몰려왔던 사람들
수반에 꽂힌 연꽃이
얼마나 아팠던지를
기억하게 될까?

머물다

방금 태어난 풀에게
숙인 허리 아프냐고
땅이 묻는다

해마다 보는 세상이지만
그래도 오랜만이라
부끄러워 그런다 한다

떠도는 소원들
말랑말랑한 잇몸으로
꼭꼭 씹어 삼키는 할미꽃

송곳니 하나도 보이지 않는
입안에서
봄은 한 가득이다

멍든 그늘

오래된 뽕나무엔 실개천이 들었다

부끄러움을 가려주던 잎들 틈새에
오디가 까맣게 익어간다

제사 음식 몰래 먹다
회초리 맞은 내 종아리
저 뽕나무 몸통은 기억할까

퍼렇게 멍든 피멍
꾹꾹 씹을 때마다 종아리에서
찰랑대는 개울 물소리

문

혼자 드나들 때는
문 하나만 열고

아이들 뛰어놀 때는
문 두 개를 열고

잔칫날에는
문 네 개 열어 둔다

오래 접어서 붙여두면
녹물이 흐를 거 같은
나는 접이문

문과 문틈 사이
수시로 헐겁도록
접어두었던
지갑이라도 연다

절벽 바위

못생겼다 혼자 한탄할 뿐
함부로 계곡으로 뛰어내리지 않는다
절벽의 바위는 그렇다

어쩌다 졸졸졸 흘러내리는
물속에 허리를 담근 바위는
타고난 화냥기 어쩔 수 없다

여기나 거기나 가끔 소낙비 내려
어깨가 젖가슴이 배꼽 근처가 젖는다는
스스로의 위로에
꿋꿋이 오늘을 견디는 절벽 바위

천천히 말리는
몸속 용암 끓던
한때의 기억

문답

누가 나에게 묻는다
집이 있느냐,
몇 채냐

홍천에 한 채,
합천에 한 채,
지리산, 가야산, 태백산, 소백산
서른 채쯤 손가락으로 손꼽아 헤아리는데

어찌 그리 집이 많으냐! 한다
주택 임대사업이라도 하시냐고 묻는다

텐트 대여업으로
근근이 먹고 사는 나에게

바람개비론

바람 없는 날 돌리는 게 바람개비지

여문 홀씨 모두어 안고
달려라, 풀밭 위를

밋밋한 어제의 등으로
바람을 데리고 놀기 위해서는
봉긋한 가슴으로 바람을 맞아야겠지

바람을 돌리다 보면 달아난 너의 목소리가 들려
다가가지 않으면 멀어지던 너는
보고 싶다는 말을 먼저 꺼낸 뒤
바람 되어 바람 속으로 떠났지

뛰는 네가 나를 향해 뛴다는 걸
오랜 날 지나 다시 어두워진 오늘에야 알고 나니
여기나 거기나 모두 바람 속이더라

여러 색의 날개를 가지려고
우리의 바람개비는
빙글빙글 돌더라

백미러 들여다보기

앞만 보고 달려도
옆을 보고 달려도
종점은 하나더라

급브레이크를 밟으나
미리미리 브레이크를 밟으나
멈추는 건 정지선이더라

때가 되면
신호등은 초록으로 바뀌고
기억을 더듬으려 들겠지
언제 그런 때가 올 건지는
고민할 필요가 없는 것이지

너와 너의 거리
길을 사이에 둔
횡단보도 뉘인 사다리 위에서
우리는 한 번 더
어정쩡해 보는 거지

버릇

우렁이 잡다가 거머리 잡아
담아둔 검정 고무신

몸 오그린 거머리가 검정 고무신 같아서
젖은 신발 신을 때마다
탈탈 털어보는 버릇

발이 자라는 만치
몸을 벌려줄 것 같은
내가 믿는 신은
우렁이처럼 품 넓은 엄마다

봄 앓다

허기진 산 꿩 울음 속으로
따신 듯 춥고, 미운 듯 그립던
봄볕이 걸어왔다

졸린 듯 깨어있는 이 어정쩡한 봄

수혈을 기다리던 버드나무도
첨벙첨벙 물 위를 건너온다

나비를 기다리던 맨몸의 바람이
그물 같은 시간을 빠져나갔고
내 흐린 동공 속에는
펄럭이는 초록 깃발만 남았다

풀린 듯 풀리지 않는 결핍을 어쩌랴

앓는 봄이 꿈틀꿈틀
몸의 끝자락까지 기어간다

봄 만드는 것들

가창오리들이 떼 지어
겨울 하늘 나는 것은
차가운 하늘에
따뜻한 바람 일으키기 위해서다

청둥오리들이 떼 지어
겨울 강 거슬러 오르는 것은
차가운 강물
따뜻이 데우기 위해서다

하나도 아니고
여럿이 어깨동무하고
팔을 퍼득이며 발을 구르는 것은

혼자서는
바꿀 수 없는 것들을
여럿이는
바꿀 수 있기 때문이다

봄 집

꽃방 만들려고 햇볕망치 든 도편수가
마른 나무로 깍은 쐐기 못을 박는데

땅마다 피어나는 싹들
저마다 우후죽순이다

바람 대팻날이
쓰윽 문지르고 지나가서야
완성되는 봄 집 한 채

비춰서 본다

제 그림자 찾고 싶었던 노루가 물가에 섰다

꽃이 빠져있다
나무가 빠져있다
산이 빠져있다

구름도 빠져있다
해도 빠져있다
바람은 어디에 빠져있나?

빠져있을 바람을 찾아 두리번거리는데
놀라 달아나는 소금쟁이

한 모금 삼키는 물속에서
펄떡 솟구치는 욕망을 본다

빨랫줄

비바람 세차게 날아다니는 여름날에는
산꼭대기 철탑 전깃줄에
고무신을 널고 싶었다

강한 빗줄기가 여러 번 고무신을 두들기면
아마도 때는 말끔히 사라질 거야
혹시나 번개 맞으면
까맣게 타서 검정 고무신 되지 않을까

추워 보이던 흰 구름이 걸려
검은 빨래줄 흰 얼음줄이 되는 거지

색 바랜 침묵

수도원 길모퉁이는 침묵이다
누군가 말없이 들어갔고
누군가 말없이 걸어 나오는 동안
저렇게 담벼락은
저녁에 닿았구나

말 못 할 어떤 묵시적인 대화도
벽은 색 바랜 침묵으로 말한다

같은 생각을 했다는 것도
눈빛으로 서로를 안다는 것도
비밀을 굳게 지키는 하느님 몸짓

담벼락은 안다

선운사 산사나무

핀 꽃이 비에 젖어
산사나무 흉년이다

시도 때도 없는 빗물 수음에
산사나무 손가락은 깡말라 버렸다

무슨 여력이 남아서
실한 열매 열겠는가

젖은 속곳 걸쳐 입고
봄날 한 철을 건너 왔으니
산사나무에게
아들 점지 소원 빌어본들
꽃잎 짓누른 빗물 무게를 어쩌랴

가을이 깃든 선운사 산사나무
대웅전 부처님의 손길
수시로 어루만진다 해도
나는 이미 물기 마른 여자

>
찾아올 내년 봄도
억수비가 산사나무 꽃에 닿을지라도
뽀송한 내 속옷 좀 벗어 걸어 준다면
실한 열매 무수히 매달 수 있지 않을까

건네는 농지거리에
산사나무 울긋불긋 낯붉힌다

연흔

해안 지층
파도의 나이테가 연흔이다

원래 하나였고 지금도 하나였다고 우기지만
연모의 살점이 닿은 자리
그대 떠나고 생겨난 주름

닳고 닳은 섬 하나가
흔적조차 없어지는 날
그 수많은 연흔들은
또 누구의 가슴에 옮겨져
뜨거운 파도를 기다릴까

사랑의 자리
증오와 싸늘함 남을지라도
텅 빈 소라껍질 둥둥 떠다니는 해안이면
나 끝끝내 달을 부르리

밀물과 썰물로 문질러
하얗게 발라주는 달빛은
통증의 사랑 연고

3부

아수라꽃밭

벚꽃 편지

그대 생각하며 걷다가
잠들기 전 눈꺼풀에서
막다른 길 하나를 만났습니다

온천지에 벚꽃 활짝 피니
길이 지워지는 거겠지요
꽃물이 든 내 마음이
수십 년 전 누군가에게
촘촘히 써 보낸 편지 속
글씨들을 떠올리다가
나는 결국 꽃핀 벚나무 아래서
눈앞이 캄캄해졌던 것이지요

모든 발자국이 나뭇가지에 걸려
나를 오도 가도 못하게 가로막는 것은
내가 보낸 편지를
봄밤인 그대가
다 읽었다는 것이겠지요

아수라꽃밭

비슷한 사람들이 비슷한
단체 사진을 찍는다

앉은 사람, 허리 굽힌 사람, 꼿꼿이 선 사람
여기를 보라는 사진사의 주문에도
제각각 다른 시선들
너는 나팔꽃, 나는 메꽃

풀밭 아수라장 만들어놓고
그래도 이만한 얼굴이 어디 있겠냐고
방긋한 입술이다

물꽃

검은 아스팔트를
치고 올라오는
물방울은 흰 꽃이다

그 무수한 별꽃들이
바닥을 치는 순간
드디어 솟구치는 화관

딱딱한 곳에 머리를 부딪쳐
생이 일순간 끝난다 하더라도
남겨진 공중이 억울해서
마지막으로 피우는
파열음

파꽃

꽃 대궁에 찔러둔 저 많은 시침핀

검은 나비 날아와 흰 나비 되어 날아가는 날
일일이 다 찔러보지 못한 아쉬움에
풀풀 날리는 향기

머지않아 완성될 한 벌 수의에
오늘은 마지막 초록 양복 꺼내 입고
휘적휘적 마을을 나서는 할아버지

그 뒤를 삽살개처럼 따르는
초여름 햇살

치매의 꽃밭

부시시 일으킨 파마머리
늦잠이 묻어있다

어딜 가시려고
바람 속에 서 계시나

지나온 길들은
한 눈 안에 가득한데

어머니 서성이는 대문간은
눈 오는 칠월

할미꽃

엄마의 산도에서 아가가 머리 내밀듯
하얀 털 둘러선 온몸이
언 땅을 밀고 올라온다

저 할미꽃 언제쯤
부끄러이 붉은 속 열까?

서 있는 거 힘들어 허리 접고 떨군 고개
저절로 가벼워지려나

뿌리가 근지러운 내 흰머리 술술 뽑아줄
손끝 정교한 바람 미용사
찾아가 볼까

아까시

전화 걸려왔다

발신지는 비탈이다

향기 진동한다

아까시였다

떠미는 흰 구름
한꺼번에 핀 비탈

떠난다고
전화가 걸려왔다

연꽃처럼

고요 속에
장대 하나 세우고
올린 깃발

끔찍한 침묵이다

이젠 존재로는
구애받지 못할 바엔
울음 끓는 문
열어놓는다

울음 뒤집어
간지른 하늘

연잎 · 1

멀리서 보면
큰 초록 보자기 바람에 넘실넘실

가까이서 보면
조각난 보자기들이 펄럭펄럭

끝이 서로 부딪칠 거 같은데 안 부딪치고
높이도 다 제각각이다
참, 희한하게도 비껴 자랐다

눈 부라릴 필요 없다고
서로 고함치며 싸울 필요 없다고
저희들끼리 합의했나

중간 중간에 수놓인 분홍꽃무늬
수줍게 웃는다

연잎 · 2

펼치고 싶어
커지는 잎

여기로 와
내게로 와

가문 날 비 내리기를
기다리고 기다리며

두 손 쫙 펼쳐
떠받힌 나의 기도

꽃자리

초등학교 3학년 즈음, 엄마는
담임선생님 가정방문 오셨을 그때
내어놓은 하나뿐인 꽃무늬 방석

구멍난 그것을 뒤집어 내어 드렸지요

그것도 모르는 선생님께서
다시 방석을 뒤집어 앉으시며 하는 말

가 을 꽃 자 리 움 푹 하 다
하셨지요

생강꽃 피다

지하철 밖으로 나온 사람들
외투 깃 치켜세운다
봄인 줄 알고 벗어 빨아 둔 내복
안 입고 나온 게 후회라도 되는 듯

참 여우 같은 봄 날씨다
새색시조차 소스라치게 놀라게 했다더니
산전수전 다 겪은 귀밑머리 흰 여자에게서도
봄은 와락 달려드는 생강 냄새다

볕을 먼저 안으려 했던 죄인이
겨울보다 더 추운 꽃샘추위 속 출소
오돌오돌 떨며 교도소 문 앞에 서 있다

흘리는 콧물과 당기는 코 사이
주르르 부스럼 터뜨리듯
콧속에 피워내는 생강꽃

민들레

곧 출전할 것처럼
전투태세를 갖춘
씨앗들은
시리아 소년병 눈빛

착각의 총구에서
검은
이념의 냄새가 난다

라일락

소꿉놀이
손가락 다친 우리 각시
화장품 다 쏟았나

바람 살짝 부니
장난이 아닌 이 향기

도대체 누굴
유혹하겠다는
눈웃음인가

금낭화

무엇을 담으려고
저렇게 많은 주머니
매달았나

부풀어 오른 그녀 공단치마
눈앞에서 그네로 흔들린다

일광욕 한번
제대로 못 해 본
금순이 허벅지 속살

바람 이마 짓궂다
툭툭 친다

장미꽃

꽃봉오리 어떻게 꼬깃꼬깃
접어두었기에
쟁여놓았기에
펼치는 꽃잎들 저리 많을까

할머니 치마 속의 고쟁이
그 안에 달린 주머니를 뒤지면
자꾸자꾸 나오는 구겨진 돈, 껌, 사탕처럼

조끔씩 꺼내더니 어느 순간

햇살에 뒤집어 펼치고
한꺼번에 왈칵 토하는
각혈의 향기

정오의 접시꽃

알맞은 온도로 데워져야
여름 정오는 목마름으로
층층이 피는 꽃

미지근한 국물에 더불어 나온 공깃밥은
어제의 밥
나는 언제나 뜨끈한 국물이 먹고 싶다

육개장 집 입구에 서서
어서 오라고 건네는 인사
뜨끈뜨끈한 혀엔 이열치열 여름이 좋다며
후루룩 마시는 뼈 국물

정오 내내 그 자리에 서 있는
층층의 뼈마디를 푹푹 고아내면
오늘은 붉지만
내일의 꽃은 곰삭은 맛

접시꽃 · 1

정미소 앞 분홍접시꽃은
부끄럽지 않은 속내로
부끄럽게 인사한다

꽂꽂한 앰프에 이어폰 꽂으면
출근길 방송국 아나운서처럼
목소리 낭랑해지려나

오가는 사람들 눈 열고 귀 열고
동네 확성기 스피커 같은
층층의 부끄러움에게 건네는 목례

부끄러운 속내를 빨아먹은 벌에게
손끝 함부로 들이미는 것은
위험하다고 온 동네 방송해 버릴까

올라탄 꽃들 난감하도록

접시꽃 · 2

수직의 척추
접시꽃 줄기에 귀 대면
은하 너머로 떠난 엄마의
아침 잔소리 들리려나

음악처럼 내리는 빗속에서도
빗물을 타고 하늘로 오르던
미꾸라지 돌아오려나

구름의 음악을 다 들은 귀로
오래 머문 꽃잎 위에
툭 떨어져 내리려나

제비꽃 · 1

눈 녹은 논둑길을
지팡이 짚고 걸어가는 파주댁

핏덩이인 나를
세상 밖으로 밀어내서
바람으로 키워낸 제비꽃

저 지팡이 던져버리고 싶도록
굽은 허리 쭈욱 펴지게
꽃 날개 달아주고 싶다

봄의 발밑을 움찔움찔
들어 올리는 제비꽃

4부

울어주지 않는 닭

오늘은 동풍

가평이나 춘천 쪽으로 가면
어떤 바람이 불까?

꿩 대신 닭이라고
가평 대신 양평으로 가서
용문사 계곡에서 쐬고 온 서늘한 바람

오늘은 어제 못 간 가평으로 향할 터
어제보다 한 걸음 더 다가선 가을바람 만나서
우리 동네 바람만 아니면 다 좋다고
헝클린 머릿속 바람도 거르는 나무빗으로 빗어볼까?

나 바람나기엔
양평도 좋고 가평도 좋다
춘천도 좋다

울어주지 않는 닭

밤새 울어대던 닭 때문에
잠 설친 아침

담판을 짓겠다고
싸리비를 들었다

그러나 언제 그랬냐는 듯
벽 쪽만 바라보고 있는 닭은
눈길조차 주지 않는다

비장한 각오도
어이없음으로 주춤거리게 하는
너의 작태에
나의 하루는
왠지 씁쓰레하다

유성

천 년에 한 번씩
두어 개의 별들이
사라진대요

땅으로 내려온 별들

사랑하는 두 사람의 눈 속에 든대요

눈에 든 그 별빛
나 어느 각도에 서 있으나
너와 마주치는 눈과 눈

그 별꽃의 간극은
점점 뜨거워지고

잠자리

앙다문 꽃봉오리 꼭대기
잠자리 걸터앉아 꽃잎 벌리고 있다

연밭이 저 많은 연꽃 보다가
연꽃 꽃잎들 언제쯤 다 벌려놓을까
몇 날이 흘러 다시 찾은 연꽃 밭

마지막 남은 한 송이 벌리려고
잠자리 안간힘 쓰고 있다

속리산 연꽃 밭은 이제야
해탈의 길을 버린 환속이다

왔어요, 갔어요

긴 터널 지나 찾아온 유채꽃이
금호강 하중도를 데웠어요

그 부끄러운 몸짓이
꽃 심장에게 들려주는 북소리
장단을 아는 벌들은
청보리밭 긴 이랑
쫄랑쫄랑 건너오네요

떠나기 위해 왔다는 걸 뻔히 알면서도
어떻게 변한 얼굴인가 꽃밭에 서서
사람들은 사진을 찍네요

노란 거울에 찍힌 수많은 터널에서
터지는 심장 소리에
아랫도리 팽팽해진 벌
울다가 웃다가 춤추다가
훌쩍훌쩍 떠나가요

제풀에 놀라다

우르릉 쾅! 번쩍!
번개에 놀라
저녁 약속을 취소했다

백수인 게 부끄러운 백수 모임
번개 때문에 결국은
다음날로 미뤄졌다

가만 생각하니
백수인 게 부끄러운 게 아니라
당당하지 못한 게 부끄럽다

다음날 모이고 또 모이라고
번개는 오늘을
여럿으로 쪼개어 준 것이다

주문제작 중

작은 가구들 가지가지 주문제작 중

앞에 것은 아무거나 넣는 수납장
뒤에 것은 신발장
옆의 긴 칸은 도자기 넣어 두는 장

대금 연주곡 길게 흘러나올 때
고양이는 난롯불 앞에서
명상에 잠긴 걸까, 졸고 있는 걸까

강아지는 공손히 두 손 모아
반눈 뜬 명상

떠나는 여름 넣어둘 뼛가루 운구함도
덮개를 제작 중이다

진눈깨비

혼자 내리자니 눈은 심심해서 비와 같이 내린다

혼자 내리자니 비는 외로워서 눈과 같이 내린다

어깨동무하며 머리 맞대고 얘기하며 내린다

"우리 내려서 얼음 될까? 물 될까?"

"올 때 같이 왔으니 갈 때도 같이 가야지."
"그러려면 자기 이름 버려야 해! 자기 고집 꺾어야 해."

눈이 자기 이름 버리자 비도 자기 이름 버렸다

물이라는 이름으로 끝까지 함께 가자는
참으로 진지한 맹세의 서체다

집의 권유

구입해 놓고 오랫동안 사용해본 적 없는
텐트가 한 동 있다

구겨진 텐트를 치고 마당에서 유목민이 된다

밤에도 안 춥고, 낮에도 그늘일 거라고
굳게 믿고 싶어지는 텐트는
가 본 적 없는 초원의 집

나를 떠난 또 다른 나를 밀어 넣으니
철 지난 피서지에서
콧김 얼어붙은 산악인이 된 나를
돈황의 석굴 수도승이 되라 한다

찻상

오래 전에 친구가
땔감 하라고 준 아까시나무로 찻상을 만들었는데
날마다 갈라진다

아까시나무는 죽어서도 자신의 몸을 비트는 걸 보니
살아생전 비탈의 삶이 무던히도
그리운가 보다

저만큼 아팠으면
이제 더 갈라지지 말아야지
갈라진 틈에 채워 넣는 내 찻물의 향기

땔감이 될 운명도
꽃필 적 기억을 떠올려
달콤해지고 있다

연약

구름은 실리콘 팩
바람손 주무를 때마다
바꾸는 마음의 모양

구름은 그녀의 인조 가슴
바닷물 속 헤엄치는 해파리처럼
이리저리 흔드는 물살

누구의 갈비뼈를
부러뜨릴 순 없어도
구름은 그리움이라는
독을 품었다

폭죽

하늘에 불질러 놓고
남녀노소들은
무에 그리 좋아서
환호하는 걸까

하느님이 불꽃을 좋아하기에
따라서 좋아하는 건 아닐까

살고 싶어도
죽고 싶어도
터지고 싶은 한순간을
나는 허공에 둔다

풍장

땡땡이 민소매원피스가
천정형 빨래 건조대에 걸려있다
햇살에 쪼그라든 살갗을
바람이 펴주고 있다

요동치며 살아온 초보의 시간이
능숙하게 핸들을 잡고 달리기까지
수시로 터득한 좌 우 앞 뒤 살피기

건조대에 오른 건
민소매원피스가 아니라
나였다

참 풍장 되기까지
지루한 시간이었다

풍향계

어디에 닿을지 모르기에
아무도 잡아 가둘 수 없다
무작정 뛰쳐나가 사방을 휘돌다가
미쳐서야 돌아올 때가 있다

입고 나갈 때 단정한 옷깃이 구겨져 돌아왔으나
어색하게 선 여인
다시 받아주어야 하는 이유는
잘라낼 수 없는 인연의 고리 때문

이끼 낀 벽 허물려고 하지만
어긋난 시간 되돌려 안아
밖에서 보았던 하늘을 당겨서
품 안을 여는 마른 꽃

붉은 화살표에 바람 말라가라고
문밖에 너를 걸어둔다

하늘거울

가뭄과 장마가 번갈아 지나간
마당은 풀들로 황폐해졌다
마당이 몸살로 드러눕자 풀들도 헝클어졌다

공부도, 여행도, 연애도 시들해졌다

사람의 하는 일이 시들해지는 데는
철과 때를 놓친 결과일 것

마당은 마당에 있는 것이 아니라
자신의 초췌한 얼굴을 머리카락 같은 풀로 덮고
하늘거울에 비춰보고 있다

채송화조차 기억하길 멈춘 마당
애꿎은 지렁이 몸 말라갔다

하늘 연못

평상에 누워 하늘을 올려다본다

검은 비닐봉지가 하늘을 가린다
연처럼 걸려서 부풀었다가 홀쭉해졌다가
다시 부푼다

새들은 부리로
잎새의 틈에서 익은 열매를 따내어
검은 비닐봉지 속을 채운다

평상은 이제 뗏목이 되어
둥둥 떠내려간다

향기론

피멍 들고 가시 박혔던 자리에서 장미의 향기는 생겨
난다

향기에 핸들을 달아준다면 뜨겁게 흘러서 어디로 갈까

폭풍에 풀 한 포기의 힘도 빌려 쓰려는
제비족 겨드랑이 향기는 장미의 향기

쓸쓸한 뒷주머니에서 꺼내어진 지폐에게도
언어의 향기는 구겨짐의 향기

꽃 진 자리에 남겨질 씨방 단단히 아물리면 좋겠다고
꽃무늬 가방 든 여자는
몸 안의 향기 덜어내고 가벼워지고 싶어
횡단보도 건너 은하수카바레 간다

우포늪

가야 하는 것도 아닌데
가고 있습니다
불러주지도 않았는데
가고 있습니다

줄 건 없다며 건네는
보따리 하나 풀어보니
가득 채운 그리움입니다

아침이 열리기 전
마음은 벌써 달려가는 연꽃입니다

늘 왔다가 다시
떠날 준비를 하는 철새입니다

당신의 망원 렌즈에 들어
나는 물안개로 번집니다

그득해지고 싶습니다

환생

몸 바짝 낮춰 발발 기어가던
그 많던 땅강아지들은
언 땅을 온몸으로 녹이느라
뱃가죽이 닳는 줄도 모르고
또다시 그늘 속으로 갔다

설화說話

눈썹달
잎 다 내려놓은
메타세쿼이아에 걸렸다

털 다 빠져나간 할매는
혼자 낮달로 앉았나

오래된 내 차
시동 걸고 오르는 비탈
할매들 떼 지어 몰려온다

트렁크에 낀 비닐자락도
펄럭이는 낮달이다

그날 딸려온
한 자락 전설이
민망의 얼굴 가려준다

슬픔

동박새 날아와서
매화꽃 피었다

동박새 가지 흔들어서
연분홍 속살 벌렸다

나부끼던 꽃이 떠나서
동박새만 남았다

시의 징표

마음 상처에 붙여도 좋을 밴드나무

그 잎 똑똑 따서 팔면
날개 돋친 듯 팔리지 않을까

바람이 불어와 우수수 떨어지는 잎새들
이불 한 채 지어 덮으면
그대 그리워하다 하얗게 삭은 뼈들

누군가 떼어낸 밴드들
나무 아래 고스란히 시로 남을까

시인 참새

날마다 목공소 찾아오는 참새들은
전기 톱날 돌아가는 소리에도
눈 한 번 깜짝하지 않았다

텃밭 먼지 풀풀 날아가는
창틀에 앉은 참새 무리들
그 중 왼쪽에서 세 번째 놈은 늘 그 자리
다른 참새들이 목공소 안을 들여다보는 동안
그놈은 언제나 돌아앉아 꽁지깃 들썩인다

왜 하필이면
왼쪽에서 세 번째인지 알 수 없으나
늘 그는 그랬고
먼 하늘 올려다보는 눈빛으로
돌아가는 톱날 향해
물똥을 찔끔거리는 거였다

인내

겨울 산에서 데려온
나이테가 어지러운 통나무
날 뭉툭한 도끼로 친다
동서남북 쪼개어
한 아궁이 속 장작으로 던진다

뎅거덩
에구머니나
근데 이게 무슨 일?
도낏자루가 부러져 버렸다

금도끼, 은도끼도 자루가 없으면
나이테를 무슨 수로 자를까
고통의 시간을 견딘 나무는
단번에 쪼개지지 않는다

안과 밖

얼룩말은 몸을
줄무늬로 감싸고 있다

바탕이 흰 걸까
바탕이 검은 걸까

웃다가 울다가
어둡다가 밝다가
좋아하다가 미워지다가

사자를 만난 것도 아닌데

얼굴 비친 물웅덩이를
펄쩍 건너뛴다

어느 싸움

물속 가재가 빠를까?
물 위 소금쟁이가 빠를까?

비밀은 비밀로 남겨둬야 하는데
뒤쫓아 오는 시간의 적을
너와 나는 만났으니
달아날 수밖에

나 아닌 너의
물속의 운명을 두고
티격태격할 이유 있나?

쉬었다 가자

– 이만큼 왔으니

뛰어내린 햇살 뜨거운가 싶으면
다시 산들바람이 적당히 식혀주는
저 놀계단

고추잠자리 따라
날개 좀 쉬었다 가자

꽃잎이 어제쯤 앉았던 이곳에 앉아
흐트러진 옷매무새도 매만지자

쏟아지는 별빛 틈새에서
풀벌레 울음 악보를 만나
침침해진 눈 좀 씻고 가자

흉터

자근자근 근지러운 이빨 사이
소리로 빠져나간 보릿대 하나
뒤로 남는 피리 소리에
한낮 동안 보리밭은 일렁인다
덩그러니 뜬 낮달조차
멀미하며 내민 혀
누구에게도 보여주지 못한
보릿대에 베인
내 혀의 상처를 닮았다

해설

소통의 언어로 빚어낸 천진난만天眞爛漫의 사유

박윤배

해설

소통의 언어로 빚어낸 천진난만天眞爛漫의 사유

박윤배 | 시인

①

오랜 기간 정순오의 습작기를 지켜봤다. 시를 고민하는 그의 정신의 바탕에는 결코 어두운 그늘은 없었다. 대개 시를 쓰는 사람들은 자신의 상처 난 기억을 긁거나 아물리려는 습성을 가지는 경우가 종종 있는데 그는 천진난만했다. 결핍된 자아를 들여다보거나 현실의 궁지 속으로 자신을 몰아가려 하지 않는다. 자학적인 자신을 관찰하기도 싫어한다. 자신을 무의식 속에 숨기거나 온전하지 못한 불온한 상관물들을 데려오는 것도 싫어한다. 측은지심의 언어를 옷으로 지어 입히지도 않는다.

정순오 시인의 이러한 밝음이 어떤 시를 쓰게 할까? 내겐 궁금하기 그지없었다. 그런데 그런 밝음은 오감이 닿은 모든 것들을 궁금해했다. 그런 궁금함 뒤에는 놀라움이 동반되고 관찰은 발랄하게 시작된다. 그만큼 그의 눈이 호기심으로 가득 차 있다는 이야기다. 한마디로 그의 시 쓰기는 나이가 들어도 잃지 않은 호기심의 한 발로인 셈이다. 기존의 우리 문단에서 시를 씀에 있어 동심을 바탕에 둔 시인들은 일일이 나열하지 않더라도 꽤나 많다. 그들의 시 중 각인될 만한 수작들도 나열하기 어려울 만큼 많다. 동심은 일단 독자들에게 소통이라는 측면에서 다가서기가 쉽다는 장점을 가지고 있다. 반면 어설프게 동심에 바탕에 두고 시를 쓰다 보면 사유의 깊이가 얄팍해서 결론이 안일한 경우가 종종 있다. 잘 읽힌다는 것은 상징의 장치가 없다는 또 다른 반증일 수 있기 때문이다. 그러나 어떤 경우 시인이 오랜 기간 난해한 시 쓰기에 천작했다 하더라도 임종에 임박해서는 다 내려놓고 한 호흡으로 뱉어내는 깨달음의 일갈 즉 대개 단아하면서도 맑은 시로 생을 마감하지 않던가.

정순오 시인의 시 속에서도 그런 최후의 빛이 빛나는 양상을 볼 수 있다. 보태거나 뺄 군더더기라고는 찾아볼 수 없고 때 묻지 않는, 욕심내지 않는 솔직함이 그의 시의 미덕인 것이다. 기존 동심에 바탕에 둔 시들을 나름 분석하고 자신의 세계로의 양식화된 안착을 그는 이번 시집에서 나름 잘 보여주고 있다. 여러 편의 시들 중 어느 시 하나도 이해 안 되는 시가 없으며, 어린아이부터 연조가 깊은 어른까지 읽어도 다 소통되는 시가 정순오의 시이다. 그의 시를 사계절로 친다면 연초록 잎이 돋아나는 봄이며 부끄러운 분홍을 흔드는 희망의 봄일 것이다. 더 나아가 연약한 여성의 따듯한 감성이며 인간이 왜 꽃을 아름답게 느끼는가에 대한 그 막연함을 시로 답하고 있다. 아름다움을 어떻게 보느냐에 대한 개인의 심적 동기를 체험을 통해서 문장으로 드러내는가 하면 반성의 모체로 삼는 것도 볼 수 있다. 각박한 사회현실 속의 암울한 문제들도 시인의 눈길에 의해 아기 다루듯 보듬어진다. 갖가지 즐거운 꽃으로 피어난다. 그는 문학사 속의 고정된 시의 정의를 허무는 데 주저하지 않는다. 동심과 깨달음의 간결한 일갈 언어를 접목한 새로운 시의 길을 하나 열었다고 보여진다. 난해한 실험이 판을 치거나 사유의 불구성에 사로잡힌 우리의 시에게 희망의 메시지가 될 것이다. 순수시의 한 방향을 제시하는 정순오의 이번 시집 『쉬었다 가자-이만큼 왔으니』를 좀 더 구체적으로 살펴보자.

세상을 떠돌던 동전들
통도사 연못에 잔뜩 모였습니다

주머니에 있을 때는 보잘것없다 생각했는데
물속에 모이니
연못은 찰랑이는 비늘 빛
커다란 물고기인 듯 꿈틀댑니다

행운을 기다리는 설렘, 던지는 재미
순수의 허공을 가른
둥글어서 빛나는 겹겹의 보시들

작은 것들 하나, 둘 모여
물을 그만치 밀어 올렸으니
낮은 세상은

하늘에 가까워졌습니다

—「동전 연못」 전문

이 시는 눈의 포획망에 든 통도사라는 연못의 한 풍경이다. 연못에서 본 것은 동전이나 동전이 아니다. 단순한 동전만을 시인이 보았다면 그냥 하나의 풍경에 지나지 않을 것이다. 시인은 연못 전체를 하나의 물고기로 본다. 동전은 반짝이는 비늘이다. 이쯤 되면 연못은 꿈틀댄다. 그리고 자신의 행위도 비늘 몇 개를 보태는 동작으로 인해 적극성을 드러내면서 보시에 이른다. 그런 보시의 마음은 둥글다는 데서 시인의 직관이 빛난다.

더욱 놀라운 것은 마지막 연의 통찰과 직관이다. "낮은 세상은 하늘에 가까워졌다" 물의 높이 즉 수위를 밀어 올리는 것이 보잘것없는 동전이라는 생각은 놀랍다. 결국은 동전이지만 동전이 아닌 비늘 빛 둥근 보시로 읽힌다. 놀라운 성찰이다.

이 한 편의 시는 읽어 내려가는데 이해가 안 되는 부분이 없다. 쉽게 쓴 시 같지만 이미 요설에 길들여진 눈으로는 도저히 시의 문장으로 풀어내기 어려운 문장인 것이다. 산문처럼 읽히지만 산문이 아닌, 에둘러 말하기의 진수다.

따지고 보면 이 시도 발품에서 만난 한 장면인 것이며 길의 여정과 무관하지 않다. 시집 제하의 시도 결국 어머니의 뱃속에서 나와 탯줄 같은 길의 여정이 이젠 쉬어가야 하는 삶의 변곡점에 이르렀음을 암시하는 게 아니겠는

가. 살아온 날과 이제 남은 날의 중심에 이르렀다는 암시다. 하여 잠시 걸어온 길을 되돌아보면서 앞으로 걸어갈 길을 계획하는 단계일 것이다.

뛰어내린 햇살 뜨거운가 싶으면
다시 산들바람이 적당히 식혀주는
저 돌계단

고추잠자리 따라
날개 좀 쉬었다 가자

꽃잎이 어제쯤 앉았던 이곳에 앉아
흐트러진 옷매무새도 매만지자

쏟아지는 별빛 틈새에서
풀벌레 울음 악보를 만나
침침해진 눈 좀 씻고 가자

—「쉬었다 가자—이만큼 왔으니」 전문

여름을 막 지났다. 시 속의 정황으로 보면 그렇다. 돌계단은 늘 삶의 선상으로 치자면 오르막과 내리막의 양면성을 지니지 않던가. 오를 수도 내려갈 수도 있는 터다. 길의 모서리에서 안식의 순간을 주는 하필 그 자리에 시인은 잠자리를 앉혀둔다. 잠자리는 따지고 보면 죽음을 향해가는 여정의 또 다른 등가물인 셈이고 따라서 화자도 그 쉼터를 빌려 앉은 것이다. 그 자리의 과거에 꽃잎이 이미 지나갔다. 시인도 자신이 꽃은 아님을 안다. 그러나 꽃을 기억하는 시인은 아름답다. 가을 하늘 별 속으로 날아갈 풀벌레의 울음은 결국 어떤 악보일까. 그 악보에 눈을 씻고 나머지 길을 가려는 시인은 별의 악보에 자신의 한 점을 찍고 싶은 나머지 생에 대한 애틋한 갈망을 길 위에서 옷매무새를 가다듬는 동작과 함께 잠시 쉬면서 추스르고 있다고 보여진다. 길의 여정에서 만나는 그의 시집 속에 있는 시를 나열해보면 다음과 같다.

○시 「내비게이션」 : 도망치듯 스며든 농촌에서 길 찾기 중 만난 호랑나비, 자신은 유채꽃으로 환치됨
○시 「갈증」 : 비 내리는 날 목재소의 기억 속 목재와 아버지의 심정을 읽어냄
○시 「감자 캐기」 : 비가 온다고 해서 달려간 감자밭 풍경
○시 「귀가」 : 며칠간 외지로 일하러 떠났다가 챙기는 보따리와 싸락눈
○시 「꽝철」 : 새벽 수산시장에서 만난 물고기
○시 「동전 연못」 : 통도사 동전이 쌓인 연못
○시 「선운사 산사나무」 : 꽃핀 산사에 내리는 폭우로 꽃이 떨어지는 게 걱정

그의 시는 길 위에서 만난 사물들을 호기심어린 눈길로 어루만지며 빛나는 이미지를 직조해내고 있다. 연밭, 자두밭, 횡단보도, 선운사, 우포늪까지도 그의 발은 경로를 그리면서 온갖 시적 대상에 살아있는 생명을 부여함을 주저하지 않는다. 다분히 토속적인 소재들이 유난히 많이 등장

한 것을 두고 아마도 그가 도심의 변방에서 살거나 농촌 어디쯤이 삶터라고 독자들은 오독할지도 몰라 저자에게 물어 밝히는 바, 그가 사실 도시에서 태어나 도시에서 성장한 시인이라는 데 놀라움이 있다. 도심보다도 변방의 삶에 관심이 많아 호기심에 수시로 외지로의 관찰여행을 통해 그의 시 속 많은 소재들이 모아졌음으로 보아 그는 길 위의 시인인 것이다. 동심을 데리고 수없이 발품을 팔았을 것이리라.

아빠 사업 빚지고
독촉에 떠밀려 들어온
시골 할아버지댁
넓은 들판에 달랑한 농막

나 거기서 살았다

신발 한 짝 힘껏 던지는 재미
아슬아슬 깨금발 뛰는 재미

초록 무성 풀숲에서
풀벌레 내뱉는 말에
하나둘 귀를 여는 재미

그런 재미에 신나했다

—「나의 놀이」 전문

앞만 보고 달려도
옆을 보고 달려도
종점은 하나더라

급브레이크를 밟으나
미리미리 브레이크를 밟으나
멈추는 건 정지선이더라

때가 되면
신호등은 초록으로 바뀌고
기억을 더듬으려 들겠지
언제 그런 때가 올 건지는
고민할 필요가 없는 것이지

너와 너의 거리
길을 사이에 둔
횡단보도 뉘인 사다리 위에서
우리는 한 번 더
어정쩡해 보는 거지

—「백미러 들여다보기」 전문

해안 지층
파도의 나이테가 연흔이다

원래 하나였고 지금도 하나였다고 우기지만
연모의 살점이 닿은 자리
그대 떠나고 생겨난 주름

닳고 닳은 섬 하나가
흔적조차 없어지는 날
그 수많은 연흔들은
또 누구의 가슴에 옮겨져
뜨거운 파도를 기다릴까

사랑의 자리
증오와 싸늘함 남을지라도
텅 빈 소라껍질 둥둥 떠다니는 해안이면
나 끝끝내 달을 부르리

밀물과 썰물로 문질러
하얗게 발라주는 달빛은
통증의 사랑 연고

—「연흔」 전문

가평이나 춘천 쪽으로 가면
어떤 바람이 불까?

꿩 대신 닭이라고
가평 대신 양평으로 가서
용문사 계곡에서 쐬고 온 서늘한 바람

오늘은 어제 못 간 가평으로 향할 터
어제보다 한 걸음 더 다가선 가을바람 만나서
우리 동네 바람만 아니면 다 좋다고
헝클린 머릿속 바람도 거르는 나무빗으로 빗어볼까?

나 바람나기엔
양평도 좋고 가평도 좋다
춘천도 좋다

—「오늘은 동풍」 전문

②

정순오의 시 속 길의 배경이 되는 시 「나의 놀이」는,

도시의 삶으로부터 어쩔 수 없이 밀려난 농촌쯤의 외곽지로 떠밀려 들어온 이유와는 상관없이 생경한 농막이 주는 자연의 놀라운 경험들이 그가 오늘의 시인이 되기까지의 기억창고 혹은 자산이 되고 있음을 엄시하는 시라고 할 수 있다. 그는 자연적인 등가물들과 친숙하려는 노력을 부단히 시의 곳곳에 드러내기도 한다.

그의 또 다른 시 「백미러 들여다보기」는 달려오다 즉 살아오다 결국 멈추고 보니, 거긴 횡단보도 앞 정지선이더라는 직관을 만나는데 그것은 아마도 시집의 제목에서 알 수 있듯이 잠시 쉬어가려는 생각의 시발점이 아닐까. "너와 너의 거리/ 길을 사이에 둔/ 횡단보도 뉘인 사다리 위에서/ 우리는 한 번 더/ 어정쩡해 보는 거지"라고 쉼의 어정쩡한 포즈를 취하는 이유를 혹은 그 장소를 횡단보도 파란불이 들어오기까지의 기다림에 비유한다.

시 「연흔」은 바다에 잇닿은 해안의 파인 흔적 그 년年주름을 통해 사랑의 흔적을 환치해내고 있다. 층층 사랑의 흔적에 달을 불러 스스로를 위무하는 심사는 어쩌면 마데카솔 같은 효능을 지닌 연고가 주는 치유가 아닐까? 그래서 그는 또 다른 치유의 방법으로 튜브에서 짜내어진 연고 같은 길로의 외출을 꿈꾼다.

시 「오늘은 동풍」은 동쪽이다. 지명은 가평이나 춘천 양평 같은 뭔가 훈훈할 것 같은 동풍의 장소이다. 아마도 시인에게 우리 동네 바람은 그리 탐탁지 않은 바람인 게 분명하여 "우리 동네 바람만 아니면 다 좋다고" 나무빗을 찾아간다. 이때 나무빗은 바람의 또 다른 이름일 수 있다.

복잡한 머리를 시원하게 빗겨준다는 데서 그렇다. 하여 “나 바람나기엔 / 양평도 좋고 가평도 좋다 / 춘천도 좋다” 고 넉살을 부리고 있다. 이렇듯 시인의 길, 그 여정은 늘 새로운 상상력의 모티브를 찾아나서는 과정 속에 있다.

그가 쓴 시들 중 시집 3부로 배치된 꽃 이름의 시들을 보다가 문득 한날 그와 점심을 한 그릇 하러 허름한 밥집에 간 기억이 떠오른다. 정말 허름한 밥집이었는데 처마 아래에 꽃밭에 잘 가꾸어 놓은 꽃들이 가득 핀 것이었다. 그날 그는 일일이 주문한 밥이 나왔는데도 스마트폰으로 일일이 꽃 사진을 찍었다. 나의 경우 꽃은 꽃이고 동물들은 그냥 동물일 뿐인데, 그는 식물과 유난히 친근하다. 꽃을 그냥 꽃으로 보지 않고 의미화해서 이 시집에 스무여 편 시들을 묶어두었다. 각각 이름을 달리하는 꽃들이 장식성을 넘어 이미지화되거나 경험의 산물로 변신시켜 놓은 발상의 전환은 신선하다. 꽃은 신이 인간에게 준 가장 큰 선물이다. 고독의 절박함과 고통 속에서도 위로를 주는 것이 꽃이 아니던가. 성남도 슬픔도 문득 꽃을 들여다보면 뭉근해진다. 삶의 희망이 질박한 마을이라도 집들의 안쪽과 담장 밖으로 외롭고 쓸쓸한 사람들이 수많은 꽃들을 물 주어 피워 놓지 않던가? 시인도 이처럼 언어의 꽃을 피워 세상을 밝히는 사람이 아닐까. 정순오 시인도 다르지 않다. 한 권의 시집에 이처럼 많은 꽃을 피워놓은 걸로 보아 눈도 마음도 맑다.

꽃을 보는 각도는 다양하다. 해석도 다양하다 하나씩 시에 등장한 꽃을 나열해 보면 벚꽃은 ; 피어 길을 지우는 꽃이고, 벚꽃을 보면 수십 년 전에 자신이 누군가에게 써 보낸 글씨들이 생각나서 눈앞이 캄캄하다고 표현한다. 대상인 그대는 봄밤인 것이고 내 편지를 이제야 다 읽었다고, 그래서 길 위에선 나를 붙드는 것이라는 발상의 돋보인다.

물꽃은 ; 바닥을 치는 순간 솟구치는 화관이며 처절한 파열음까지 보여주는 꽃으로 표현했으며 파꽃은 ; 많은 시침핀을 단 꽃으로 죽음 앞두고도 꽃이고 싶은 인간의 마음을 표현한 수작이며 할미꽃은 ; 사랑의 생애를 탄생 순간, 꽃피우는 순간의 고됨 그리고 흰 머리카락의 순간으로 빗대어 표현한 시이다. 아까시는 ; 전화의 벨 소리, 흰 구름 비탈로, 연꽃은 ; 끔찍한 침묵, 울음 뒤집어 간지르는 하늘로, 생강꽃은 ; 물러가지 않은 꽃샘추위 속 핀 꽃이며 산전수전 다 겪은 귀밑머리 흰 여자에게도 와락 달려드는 생강 냄새를 떠올리게 한다고 한다. 라일락은 ; 쏟은 화장품, 금낭화는 ; 그네 위의 공단치마 그녀-금순이 흰 허벅지 속살로 짓궂게 표현하고 있으며, 장미꽃은 ; 할머니 고쟁이 속 겹겹의 주머니에서 뭐가 자꾸 꺼내어도 좋을 그런 마술 같은 장면이라고 노래하고 있는가 하면 접시꽃은 육개장 집 뼈들-동네 확성기-저승으로의 송수신 안테나로 다양한 변주를 보여주는가 하면 제비꽃은 ; 지팡이 짚은 노파의 모습으로 그려지며 발밑의 봄을 들어 올리는 곡진함을 시의 바탕에 두고 있다.

이러한 꽃의 변주는 꽃 그 자체가 아닌 확장된 이미지로 자신의 또 다른 세계를 이루어 꽃이 아닌 다른 사물도 꽃으로 해석하는 경지에 이른다.

시집 3부의 시들 중 다음과 같은 제목의 시들이 그렇다. 「아수라 꽃밭」 「치매의 꽃밭」 「민들레」 「꽃자리」가 그 대표작들이다.

시인 정순오의 모든 시가 이러한데, 별다른 해설이 더 필요하겠는가. 아래의 두 편의 시는 세상이 이런 꽃자리라면? 하는 시인의 마음이 경험 속의 어머니와 선생님을 방석에 앉혀 두었다. 민들레를 세계 어느 한 곳의 전쟁터에서 만나는 불행한 소년의 눈빛으로 환치한 점은 착각의 총구를 만나면서 미학의 극치를 보여준다. 이 같은 이념의 냄새는 아프다.

초등학교 3학년 즈음, 엄마는
담임선생님 가정방문 오셨을 그때
내어놓은 하나뿐인 꽃무늬 방석

구멍난 그것을 뒤집어 내어 드렸지요

그것도 모르는 선생님께서
다시 방석을 뒤집어 앉으시며 하는 말

가 을 꽃 자 리 움 푹 하 다
하셨지요

— 「꽃자리」 전문

곧 출전할 것처럼
전투태세를 갖춘
씨앗들은

시리아 소년병 눈빛

착각의 총구에서
검은
이념의 냄새가 난다

— 「민들레」 전문

③

첫 시집을 상재하는 시인 정순오 시의 장점은 이해 안 되는 문장이 없다는 데 있다. 일상의 관찰로 이루어져 있어 언뜻 허술한 듯 보이지만, 시의 단편의 어느 구석엔가 메타포를 걸어둔다는 것은 오래 시를 쓴 시인들이어야 가능한 넉넉한 고수의 경지다. 리얼리티에 근거를 두면서 함축된 서정의 목가적 등가물들을 바탕으로 툭 던지는 간결한 직관은 오랜 관찰이 전제되었을 것으로, 자신의 안목 안에 몇 겹의 가는 명주 같은 거름망을 두고 있다. 이 거름망은 찌꺼기들을 철저하게 걸러낸다. 또 하나의 장점은 기성의 시인들을 흉내 내지 않는다는 것이다. 다만, 첫 시집 이후에는 원촉과 미촉을 수시로 움직이며 포착한 이미지들을 점차로 자신에게서 사회적 참여로 확대시켜야 할 것이다. 그건 앞으로의 시인의 몫이기도 하니 충고를 하나 더 보태면, 늘 시는 갈증과 결핍에서부터 시작되는 것이니, 만족이란 우물에 빠지지 않기를 바란다.

형상시인선 16 정순오 시집
이만큼 왔으니 쉬었다 가자

인쇄| 2017년 10월 26일
발행| 2017년 10월 30일

글쓴이| 정순오
펴낸이| 장호병
펴낸곳| 북랜드
06252 서울 강남구 강남대로 320 황화빌딩 1108호
대표전화 (02) 732-4574 | (053) 252-9114
팩시밀리 (02) 734-4574 | (053) 252-9334

등 록 일| 1999년 11월 11일
등록번호| 제13-615호
홈페이지| www.bookland.co.kr
이-메 일| bookland@hanmail.net

책임편집| 김인옥
교 열| 배성숙

ISBN 978-89-7787-738-2 03810
값 10,000 원